AF175031

DEVENIR POESÍA
Número 331
Colección dirigida por Juan Pastor

PALABRAS BAJO LAS PIEDRAS

JACINTA NEGUERUELA

PALABRAS BAJO LAS PIEDRAS

Acuarelas de Roberta Paternò

POESÍA

Devenir

Madrid, 2024

Primera edición, enero 2024

Diseño: José Ramón Ballesteros de Diego

© Jacinta Negueruela
© De las acuarelas Roberta Paternò
© De la presente edición:
Fundación Devenir. Poesía y Ensayo
Apartado de correos número 5
28991 Torrejón de la Calzada (Madrid)
Teléfono: 918 169 210
Dirección de correo electrónico: pastorj@telefonica.net
Página web: www.devenir.es

ISBN: 978-84-18993-26-8
DEPÓSITO LEGAL: M 35783-2023

Impreso en Imprenta Kadmos
Salamanca
IMPRESO EN ESPAÑA - PRINTED IN SPAIN

A la casa junto al río,
destruida por la autovía del Cantábrico,
a la loba, al fauno,
y a todos los que allí vivieron.
Todavía los busco bajo las piedras.

Estos días azules
y este sol de la infancia

<small>ANTONIO MACHADO</small>

Amaryllis 1, 2 et 3,
Triptyque, 2022.
Encaustique sur toiles
marouflées sur bois.
200 x 450 cm

<small>PHILIPPE COGNÉE</small>

Habito un paraíso perdido. Las huellas bien hundidas en el barro no llevan a ninguna parte, se entrecruzan caprichosamente.

Quisiera que un viento despiadado las borrara. Cuando las miro, puedo sentir vértigo.

De algún modo, son señales, reminiscencias de mundos anteriores, cuando lo oscuro era otro, cuando el silencio era otro, cuando la vida era un punto de luz incandescente, algo parecido al polvo en suspensión, a un tamiz que dejaba entrever otros espacios superpuestos, a un aire incansable expandiendo lugares.

Camino sobre tierra removida, entre haces de luz entreverada que difuminan el alba y el ocaso.

He regresado y no hay nadie.

Castello di Duino

No alcancé Duino,
pero llegó un ángel.
Abrió la herida y miró dentro,
cediendo dulcemente su saliva.
No alcancé Duino,
pero llegó un ángel.
Sopló sobre el fuego del dolor,
calmó la pena,
consintió que el corazón saltara
desde la casi Nada.
Arrastró luego la hiel,
tocó con su ala blanca
la sien descabalgada.
No alcancé Duino,
pero llegó un ángel.

a la memoria de Manuel

¿Eres tú el ocaso y el águila?
¿Eres tú el insecto sin nombre sobre la rosa henchida?
¿Eres tú la garza inmóvil sobre el tronco abatido
en la corriente del río?
¿Eres tú los cuervos, las gaviotas, los aguiluchos pardos,
sobre los prados recién segados?
¿Eres tú el búho que no encuentro
en la escondida noche?
¿Eres tú el sol apenas entre cielos agrisados
en los oscuros valles?

Incansables las aves,
incansables las aguas,
incansable el devenir incierto de los días.

El grito es mudo,
apenas un hálito color de niebla,
una niebla que envuelve una vida marmórea,
perdida.

Ya no hay aire en el grito.
La última vez que aulló la noche,
levantó el cielo.
Después,
gimen las piedras,
gimen las tinieblas del alba,
cuarteadas por el hielo lunar.

El grito es mudo.

Cuando, en la atardecida,
el otoño derrama sus tesoros
sobre la arena,
recuerdo los años primeros
celebrando ese milagro
extraño
que entendí
tras el crujido de unos pasos,
entonces solitarios.
Ahora,
la soledad ha vuelto
para envolver ausencias,
pero me sale al paso,
otra vez,
el milagro de las hojas caídas
sobre arenas invernales,
arenas rebosantes de un mar,
si cabe,
protector,
lleno de herrumbre de no sé qué vida
ya pasada,
ya vivida,
ya filtrada.

a *Juan Rico, el niño grande*

A la tarde, un tul azulado envuelve el monte celta. La luz cegadora del poniente, hipnótica, es la misma que hacía titilar las hojas del árbol, tras la puerta entreabierta de la vieja escuela, próximo ya el verano dichoso.

Tuve conciencia, en aquel instante de niñez, que allí **estaba**, tan veraz como los remolinos agitados en la primavera tardía.

Duermen las montañas, habla el arbolar.

Se enciende la foresta,
estalla el verde
en mil tonalidades.
Un caleidoscopio entre la bruma atraviesa el aire.

Se cierran las corolas,
callan los pájaros,
pronto los ruidos de la noche
inundarán los sueños
respirantes.
Es la hora.
Morir pudiera ser como este *impasse* del mundo.
Son sólo unos instantes
desmarcados,
una desaceleración,
la atmósfera cansada de un huso solar
en el agotamiento de un instante.

Llegó y cubrió de melancolía la bruma, las lunas grandes, los caminos de hojarasca.

Volvió la hoja seca a la orilla del mar y de nuevo el asombro, en forma de algo tibio, *nonchalance*, algo que dilató el tiempo y su sábana. Los animales volvimos a la cueva.

Ha pasado un río y sus escorrentías.
Ha pasado un derrame de horas.
Ha pasado el ciclo lunar inquebrantable.
Ha pasado la vida.

En ocasiones es imposible amar la vida.

El río desciende vigoroso en un estruendo primaveral, lanzando espuma desde la mueca de un gigante furibundo y se queda el remolino por los escondrijos de los cantos rodados y otros pecios arrancados monte arriba.

No es aire de romanza precisamente quien agita las aguas de marzo.

Los peñascos, en la ribera, cubiertos de musgo, permanecen incólumes al paso de los años.

Ahora no estás. La respiración es corta, breve y alterada. Tampoco el corazón acompasa sus latidos y los pasos se pierden en rincones hostiles.

Fue sucediendo con el pasar de los años. Las cosas y sus volúmenes, sus medidas agrandadas o encogidas, el fragor o el susurro que traían las estaciones.

La geología explica las diferentes capas freáticas. Desde hace un tiempo, el suelo es profundo y los pasos caminan desencajados.

La nube ciega te envuelve.
Se acerca
hasta tus ojos inclinados
hacia la noche.
Hemos bebido todo el cáliz,
no quedó una perla de ambrosía.

La casa está vacía, sin paredes,
la intemperie se sienta
junto a las ventanas
de cristales rotos.
El limo desliza sus brillos
hasta el viejo sillón solitario.
De la nube se descabalga el sueño
que vivimos.
Cada gota de agua rezuma
el néctar de los dioses.

La nube era un centauro,
luego un fauno,
luego el exquisito frenesí.

Todo ha dejado jirones que el aire mueve caprichosa-
mente, como los restos que arrastran las tormentas o como
en el lecho de los ríos las crecidas antiguas. Son pequeñas
señales de un pasado continuo, la memoria que no cesa, el
lugar del que nos desenraizamos, el cielo que fue y pasó
como la corriente, como los cosmos recreados en algunas
ciudades eternas, como el rumor reconocible de lo andado.

Escribo como la arena,
sin rumbo,
abriendo sus estelas
y perdiendo cada grano
en infinitos huecos.

Escribo como el vendaval,
cerrando los cielos vespertinos
cuando la luz se acaba.

Escribo como el sendero cierto entre la nieve,
los días de la infancia.

Escribo sobre la Constelación de Orión.
Me nací en su cuna de estrellas.

Algunas pinceladas
al alba,
son telas sedosas
de colores ignotos.
Duran
lo que una mirada
parece sostener el cosmos.
Rápidamente
se disuelven
ante la avalancha solar.

He visto nacer el mundo demasiadas veces.

Y en el fragor del oleaje,
llegó el aliento
del otro lado,
y se juntaron los dos mundos,
y se fundió una orilla
con la otra orilla,
y el bramido llegó al rompiente
de las nubes
hasta rasgar tu pulmón roto,
deshilachado,
hundido.
Luego el respirar se hizo ciego
y ya no caminé,
sólo dejé que me llevara
la brisa desgajada
de la tarde,
hasta un lugar donde sentirte,
hasta un lugar donde no estabas,
hasta un lugar despedazado,
hasta un lugar de casi aire.

Un instante es una aguja.
No quiero ocupar mis pasos
en interminables instantes.
Quedó en ellos la transparencia
y el aire.
Luego todo permanece ahí quieto.

Oigo aquí y allá
el poder de los instantes.
Luego, el sueño nocturno
se tamiza
y alfombra
con sus mil instantes
encendidos.
Y la noche muere.

Por eso yo no quiero los instantes.

Cercar los días del invierno,
acoger en los cuerpos cóncavos
una débil luz tamizada.
Así era el tiempo breve
en que el pájaro de la felicidad
se posó
en canto y figura.
Ahora los días son los mismos.
El hielo blanco de la luz
se posa
en el océano,
deslumbran las velas solitarias.
Los pinos verdinegros
siluetean las orillas marinas,
el aire oscuro penetra
en las cosas
y sus sombras.
Ahora, de nuevo,
los días son los mismos,
las largas manchas lechosas
de la luz y el cielo fosco,
inalterable el abrigo de una cueva,
que es estancia y presencia.

La vida vuelve
porque el viento agita la mañana
en violentos escorzos.

La vida vuelve desde el vapor amargo
de la tierra insaciable.

La vida vuelve porque el invierno
escarba con sus manos
de hielo
el hueco ausente de tu cuerpo.

Donde sobrevuelan las águilas,
donde el corzo se asustaba de nuestros susurros,
donde el agua inundaba los carrizos.

La lluvia y el mar
envuelven la cueva.
Se superponen tiempos
de difícil origen,
de distintos destinos.

La lluvia en el mar
es un fragor
de poderoso aliento.

Escucho con el corazón
desde ninguna parte,
escucho con el corazón
hacia ningún lugar.

Así llovía
cuando aún no teníamos
el fuego
ni la ausencia.

Penumbras, umbrías,
quietud,
calmo el valle,
lento el río,
estático el bosque.

Había caminos
y el árbol de siempre,
las fuentes pequeñas,
la muerte vibrante.

Villa Emo

Enhebrar
con cuidadoso gesto
horas que la tarde vierte.

Los setos oscuros acercan el horizonte,
también los tilos centenarios
y sus oscuras frondas,
con sus secretos
de piedra
trascendida.

Los senderos geométricos,
los pájaros afilando
su vuelo.
La hiedra en su esqueleto
esperando el solsticio.
Una ventana abierta,
una vida a otra vida,
la explosión de los frescos,
el sueño de Palladio.
Allí se recoge
turbadora
la senda

hacia los cuatro puntos cardinales.
Muda la noche que se acerca.
Poderosos los dioses.

Y el ocaso hizo caer
la sombra
en infinitas yemas.
Posadas, mullidas
en cada hueco del aire,
con el apresto de un tejido
respirante,
calmo pero vigoroso,
fundido ya con las partículas.
¿Cómo nombrar?
Y noviembre volvió
y otro gigante
caminó las aguas,
y otros ladridos celebraron la noche
y el paso brotó con el ansia
acostumbrada,
y las fuentes,
los pájaros,
los mástiles,
hablaron al unísono,
el misterioso sueño
de las partidas celestes.

NOTA DE LA PINTORA

Este proyecto nace del diálogo entre los poemas y las acuarelas. La mirada de la pintora ilumina a la poeta y la sensibilidad de la poeta acoge a la pintora.

La intención no es representar de forma ilustrada *Palabras bajo las piedras*, sino la de acompañar la escritura y viceversa.

Con las acuarelas, he querido espresar las sensaciones que me trasmitían los poemas, buscando la frescura y la sencillez que aporta dicha técnica. Del mismo modo, he querido favorecer un cierto ritmo de lectura, como una forma de meditación, invitándonos a reflexionar sobre lo escrito.

Me inspiré en la naturaleza como fuente de emociones, intentando recrear las sensaciones que transmite la pura contemplación y que el lector encontrará a lo largo de todo el poemario.

Benicàssim, abril de 2023

ÍNDICE

ÍNDICE